UNIVERSITÉ DE FRANCE.

ACADÉMIE DE STRASBOURG.

ACTE PUBLIC
POUR LA LICENCE,

PRÉSENTÉ

A LA FACULTÉ DE DROIT DE STRASBOURG

ET SOUTENU PUBLIQUEMENT

le Samedi 18 Août 1860, à Midi,

PAR

CHARLES-DELPHIN DUPLESSY,

d'Épinal (Vosges).

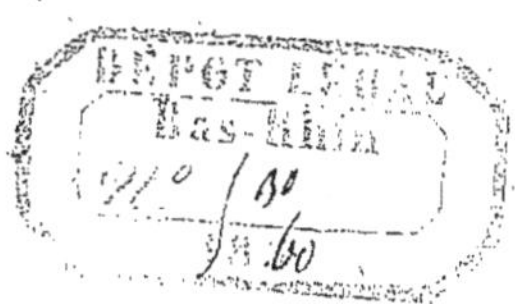

STRASBOURG,

DE L'IMPRIMERIE D'ÉDOUARD HUDER, RUE DES VEAUX, 4.

1860.

A MON PÈRE,

A MA MÈRE.

A MON FRÈRE.

D. DUPLESSY.

FACULTÉ DE DROIT DE STRASBOURG.

PROFESSEURS.

MM. Aubry ✳ doyen. Code Napoléon.
Hepp ✳ . . . . . Droit des gens.
Heimburger . . Droit romain.
Thieriet ✳ . . . Droit commercial.
Rau ✳ . . . . . Code Napoléon.
Lamache ✳ . . Droit administratif.
Destrais . . . Procédure civile et législation criminelle.
N. . . . . Droit romain.
N. . . . . Code Napoléon.

MM. Lederlin,
Mugnier, } agrégés.

M. Bécourt, officier de l'Université, secrétaire, agent compt.

MM. Aubry, Président de l'acte public.
Hepp,
Mugnier, } Examinateurs.
Lederlin,

JUS ROMANUM.

De diversis servitutibus generaliter et quibus modis constituuntur.

De servitutibus generaliter.

Servitutes imminutio dominii sunt et jura in re; unde nascuntur illa principia :

Propria res nemini servit; nam res servire dicuntur, non quæ domino suo serviunt, sed quæ domino suo non omnia officia præstare possunt, verum quædam præstare coguntur alteri et non domino; liberæ esse quæ uni et soli domino omnia præstant.

Servitutem res debet non homo.

Jus servitutis nisi utile est, esse nequit.

Nec exerceri per partes, nec acquiri, nec amitti servitus potest. Uti jure civiliter is debet ad quem servitus pertinet, nec ultra quam res possit, servientis rei dominum ab ejusdem juris usu prohibere. Contra vero, dominus cui est proprietas rei servientis, non solum nihil debet facere, quo impediatur servitutis usus, verum etiam adminicula concedere ejusmodi sine quibus commode usurus non est is cui debetur servitus.

1

Dominus rei servientis aliquid pati in sua, vel non facere solum cogitur. Pati in sua, ita per fundum euntem aquamve ducentem, tignum in ædes suas immittentem; non facere, veluti altius non ædificare, in suo non ponere quod luminibus ædium alienarum aut prospectui officiat. Attamen oneris ferendi servitus a natura reliquarum nonnihil differt, ob antiquam formulam qua constituebatur. Nam quum in lege ædium ita scriptum esset : paries oneri ferundo uti est nunc, ita sit; satis aperte significari in perpetuum parietem esse debere; paries autem non æternus, nisi restituatur (Fr. 33. D. 8, 2).

Dicimus ergo generaliter servitutem esse jus, in re aliena constitutum, quo dominus in re sua aliquid pati, vel non facere tenetur, ad alterius rei, vel personæ utilitatem.

Servitutes quæ pati consistunt dicuntur negativæ, quæ non facere positivæ. Sed earum omnium summa divisio est hæc : servitutes aut prædiorum sunt, aut personarum (Fr. 1. D. 8, 1).

Prædiorum sunt quæ debentur prædiis; personarum quæ personis.

CAPUT PRIMUM.

De servitutibus prædiorum generaliter et quemadmodum constituuntur.

§ I. *De servitutibus prædiorum.*

Servitutes rerum dicuntur, quia ob solam rei dominantis domini qualitatem, uti potest is cui debentur.

Servitutes prædiorum appellantur, quoniam sine prædiis constitui non possunt (Inst., liv. 2, tit. 3, § 3).

Nemo enim potest servitutem acquirere vel urbani vel rustici prædii, nisi qui habet prædium (Fr. 1, pr. D. 8, 4); neque rursus quisquam debere aliquam dictarum servitutum, nisi qui prædium habet urbanum vel rusticum. Hic igitur dua prædia existere debent; unus qui imperet, alter qui imperanti serviat. Et adhuc vicina debent esse præedia, non ut conjungantur; sed ut intermedium præedium an locus non impediat servitutis usum. Nam si constituta servitus prædio utilis non sit, nulla est. Sufficit autem ad servitutem constituendam, ut quandoque prædio afferre possit utilitatem, quamvis statim utilitas hæc non subsequatur.

Jura adhuc appellantur, considerato dominante prædio.

Servitutum præediorum duplex est forma : præediorum rusticorum et præediorum urbanorum.

Distinctio hæc præediorum non a loco presumitur, neque a verborum significatione vulgari (data Fr. D. 198, 50, 16).

De prædii servientis vel dominantis natura, sive in urbe sive rure positi, in villis vel vicis, nihil interest; si ædificia ad urbanum usum inhabitandi, recreandi, voluptatisve causa extruuntur, aut ad rusticum usum, fructuum percipiendorum, pecorisve et armenti recipiendi, gratia, nihil etiam interest.

Ratio enim non patitur, ut ejusdem speciei, servitus nunc urbana, nunc rustica dicatur.

Rustica vel urbana erit servitus quum animo necessarie soli superficieive imaginem finget. Itaque servitus rustica est iter, quamvis ad utilitatem ædium instituatur; servitus urbana contra habetur jus stillicidii immittendi, quamvis effundatur aqua in aream vicini. Imo, nullis ædibus in fundo dominante constructis, existere potest servitus urbana; ita nudum fundum, alterius et nudi gratia, servitute altius non tollendi legitime oneratur. Multum interest hæc distinctio : nam servitutes urbanæ quæ in superficie consistunt, continuæ generaliter videntur; sic jus tigni immittendi. Servitutes præediorum rusticorum tales sunt contra, ut non habeant certam continuamque possessionem; nemo enim tam continenter ire potest ut nullo momento possessio ejus interpellari videatur (Fr. 14, Pr. D. 8, 1). Inde servitutes rusticæ, non utendo certo tempore, pereunt; sed urbanæ amittuntur solum facto ad servitutis usum contrario. Solæ urbanæ quasi-possessione decem aut vigenti annorum acquiri possunt; est enim possessio continua necessaria ad longi temporis prescriptionem obtinendam. Denique, in antiquo jure, fundorum italicorum servitutes rusticæ res mancipi erant, et ob eam rem institui poterant mancipatione solum.

Servitutes rusticorum prædiorum sunt quæ in solo consistunt. In primis commemorandæ sunt : iter, actus, via, aquæductus (Inst. liv. 2, tit. 3) et etiam plures, ut aquæ hauriendæ, arenæ fodiendæ, calcis coquendæ, pascendi pecoris, quæ sunt in eo genere similes.

Servitutes urbanorum prædiorum sunt quæ in superficie consistunt. Tales sunt hæ : oneris ferendi, tigni immittendi, stillicidii vel fluminis recipiendi, vel non, altius tollendi, vel non (Fr. 2. D. 8, 2, et G. com., 2, § 31), et ceteræ similes.

§ II. *Servitutes prædiorum quemadmodum constituuntur.*

In antiquo jure constituebantur prædiorum servitutes : mancipatione, cessione in jure, adjudicatione, usucapione, quasi-traditione, legato per vindicationem.

Mancipatione. Jura prædiorum rusticorum mancipari possunt (G. com., 2, § 29); sed solum prædiorum quæ res mancipi sunt, qualia sunt italica. Mancipatio autem erat solemnis emptio-venditio, abhibitis quinque testibus civibus romanis puberibus, et præterea alio ejusdem conditionis, qui libram æneam teneat, qui appellatur libripens (G. com., 1, § 119).

Cessione in jure. Jura prædiorum urbanorum in jure tantum cedi possunt (G. com., 2, § 29). In jure cessio fit apud magistratum populi romani; postquam is cui ceditur vindicaverit, pretor eum qui cedit interrogat ne contra vindicet. Quo negante vel tracente, tunc ei qui vindicaverit eam rem addicit (Ulp. reg. lib. tit. 19, §§ 9, 10, 11, et G. com. 4, §§ 16 et 17).

Adjudicatione. In actionibus divisoriis, familiæ erciscundæ, com-

muni dividundo, finium regundorum cum adjudicat, aliquam servitutem poterit imponere arbiter (Fr. 22, § 3. D. 10, 2).

Usucapione; sed solum ab initio. Nam eam sustulit lex Scribonia,
quæ servitutem constituebat (anno Romæ 720) (Fr. 4, § 29. D. 41, 3).
Attamen jus honorarium illis concedebat præscriptionem acquisiti-
vam, quæ longam quasi-possessionem, diuturnum usum, aut longam
consuetudinem appellabatur; et ei qui servitutem secundum jus pos-
sidebat (id est nec vi, nec clam, nec precario ab adversario et per
longum tempus possessionem habere) præscriptionem longi temporis contra dominum, et contra alios confessoriam utilem actionem,
dabat.

Quasi-traditione; substituta traditioni : nam res incorporales tradi
non possunt. Hæc quasi juris possessio in patientia domini consistit, et
pretor interdictis veluti possessoriis et publiciana actione eam tuitur
(Fr. 20. D. 8, 1).

Legato per vindicationem. Nam jus in re hoc solum legatum dare
potest.

Quod antea diximus ad italica prædia solum pertinet, quia ipsa
prædia mancipationem aut in jure cessionem recipiunt; sed si quis
servitutem constituere conventioni velit, pactionibus et stipulationibus, id efficere solum potest, quando provincialibus prædiis agitur.

In Justinianeo jure, non jam sunt mancipatio et cessio in jure, et
legato per vindicationem non inter vivos tradenda est servitus, nec
modus conventionis est adjudicatio. Quo igitur modo, sub Justiano,
inter vivos et sponte constituenda est servitus? Nam quasi-traditio modus pretoris solummodo est, et cæterum, non ad eas servitutes nega-
tivas, ut altius non tollendi transferri potest; et traditio, qua mancipatio fuit substituta, ad eas solummodo constituendas per retentionem
valere potest. Si quis velit vicino aliquod jus constituere pactionibus
atque stipulationibus id efficere debet; respondit Justinianus. At
quid ex his pactis et stipulationibus evenit? Num ab eis ipsis constituuntur servitutes, vel simplex ad personam jus, quod ex stipulatione

efficitur, et quo astringitur dominus prædii servientis ad summam pecuniæ certam solvendam, si pati aut non facere non vult? De ea re multum certant. Fertur, quod supra diximus, scriptum a Gaio (com. 2, § 31) sumpsisse Justinianus. Gaius in hoc scripto, de constituendis servitutibus prædiorum provincialium solummodo agit, quorum non dividi poterat dominium, quoniam hæc populo romano, vel Cæsari prædia essent. Justiniano autem hoc scriptum ad omnia prædia transferente, quoniam provincialium et italicorum prædiorum nullum est discrimen, evenit ut e pactis et stipulationibus solummodo constituitur id quod interest.

Nos tamen non credimus jure civili nullum modum, ad servitutem inter vivos conventione constituendam, latum fuisse; nam quid magnum omissum fuisset? Existimamus enim, nudis pactionibus et promissionibus solis servitutes prædiales plene perfecteque constitui, atque acquiri. Etenim (Fr. 25, § 7, D. 7, 1, et const. 4, C. 31, 33) legimus pactionibus constitui servitutes; quin imo certius solvitur quæstio constitutione 14, C. 3, 34, in his verbis : «cum talis questio «in libris Sabinianis verteretur; quidam enim pactus erat cum vicino «suo, ut liceret ci, vel per se, vel per suos homines, per agrum vicini «transitum facere, iterque habere.» Cur adhuc a nudo pacto constituto hypothecæ jure, non ab eodem jus servitutis constitutum esse non potuisset.

Servitutes prædiorum sæpe legibus constituuntur ad utilitatem, sive publicam, sive privatam ; tales sunt altius non tollendi quibus suas ædes renovant (Const. 12, C. 8, 10); duodecim pedum spatium inter domos reliquere (Code, ibid.); viam ad sepulchra familiæ concedere (Fr. 12, D. 11, 7).

Tacita denique constitutio servitutis accipiebatur, cum unius et alterius prædii dominus, constitutis in utrumque necessariis servitiis, alterutrum alienabat.

CAPUT SECUNDUM.

De servitutibus personarum generaliter et quemadmodum constituuntur.

---

§ I. *De servitutibus personarum generaliter.*

Servitutes personarum sunt quæ non ad rei, sed ad personæ utilitatem vel voluptatem in re aliena imponuntur.

A servitutibus rerum differunt, quod mobilibus et immobilibus rebus conveniunt; semper pati consistunt, unquam non facere; non sunt individuæ omnes earum, etenim usufructus pro parte vel acquiri, vel amitti potest (Fr. 19, D. 7, 8); personæ cohærent; morte igitur hujus cui servitus debetur usufructus, usus et habitatio perimuntur, et capitis deminutione usufructus et usus; sed non item reliquæ.

Personarum servitutes sunt hæ : usufructus, usus, habitatio et operæ servi.

Usufructus est jus alienis rebus utendi, fruendi salva rerum substantia (Pr. Inst. 2, 4), et usus jus utendi solum. Est habitatio inhabitandi jus; diversum tum ab usufructu, tum ab usu ædium, nam locare aliis potest is cui habitatio constituta sit. Operæ servi sunt hujus servi diurnum officium; operis uti potest legatarius non solum ad commodum suum; sed etiam ad conjugis et liberorum suorum; vix adnumerari debent in servitutibus personarum, nam morte legatarii, sicut aliæ personarum servitutes, non extinguuntur, sed ad heredes transeunt.

§ II. *Servitutes personarum quemadmodum constituuntur.*

Cessione in jure, mancipatione, quasi-traditione, adjudicatione, usucapione et testamento, in antejustinianeo jure, constitui solebat usufructus.

1º Cessione in jure (G. com. 2, § 30). Ad certum tempus et ad conditionem in jure cedi potest, sed non ex certo tempore, neque ex conditione (Fr. Vat. § 48).

2º Per mancipationem constitui potest usufructus, etsi res mancipi non sit, sed non transferri; in mancipanda proprietate detrahi potest. Non enim ipse usufructus mancipatur, sed cum in mancipanda proprietate deducatur, eo fit ut apud alium usufructus, apud alium proprietas sit (G. com. 2, § 33, et Fr. vat. § 47).

3º Usufructus, res incorporalis, traditionem recipere non poterat; sed quasi traditione constitutus, interdictis utilibus, tuitione pretoris, servabatur.

4º Item potest constitui adjudicatione, sed solum judicio legitimo (Fr. vat. § 47, et G. com. 4, § 104).

5º Quia servitutes, a lege Scribonia, acquiri non poterant usucapione, utilia interdicta tribuebantur, ei quasi juris possessionem habenti.

6º Testamento ex certo tempore vel ex conditione et non solum ad conditionem, aut ad certum tempus constitui poterat; saepissime legato per vindicationem. Quod antea diximus de servitutibus praediorum, non minus ad acquisitionem usufructus in provincialibus praediis, pertinet.

In Justinianeo jure usufructus constituitur adhuc adjudicatione, in judiciis divisoriis, si res divisionem commodi non recipiunt, et in omnibus judiciis, legitimis vel non.

Usu quoque et longa quasi-possessione sicut reliquae servitutes, usufructus acquiritur.

Testamento autem constituitur ipso jure, ut ad acquirendum jus in re et vindicationem, non desideretur traditio heredis, sed nuda voluntas testatoris sufficiat. Nam eumdem utriusque legati, per damnationem aut per vindicationem, effectum esse imperator Justinianus voluit. Sed si quis primo usufructum, secundo nudam proprietatem testamento dare velit, non uni usufructum, alteri fundum simpliciter legare debet; nam tum ambo in usufructum concurrent, velut si secundo nudam proprietatem et dimidiam partem usufructus et primo alteram dimidiam partem dedisset. Et contra, si fundum legaverit deducto usufructu, legatarius nudam habet proprietatem, heres vero usufructum (Inst. liv. 2). Nudis pactis usufructum, sicut prædiorum servitutes, plene perfecteque constitui atque acquiri citra ullam traditionem aut cessionem, existimamus; ac imo actionem in rem oriri.

Denique lege constituitur usufructus quibusdam personis, ut patri in bonis adventiciis et in prædio castrense filii (Inst. liv. 2, tit. 9, § 1); patri emancipatori in parte dimidia bonorum filii emancipati (§ 2, ibid.); uxori indotatæ in certa parte bonorum viri (Nov. 119, cap. 5).

Iisdem modis et nudus usus et habitatio constitui solent. Sed dum frui pro parte, uti pro parte non possumus. Qua ratione plures in eumdem usum conjungi non possunt; si duobus ejusdem rei usus legatus sit, nulla intelligitur conjunctio, et ideo uno deficiente, nihil alteri accrescit; in judiciis divisoriis, inter duos rei usum, ut inter plures ejusdem rei usufructum, adjudicare non potest arbiter.

Operæ servi semper legato constituuntur.

CODE NAPOLÉON.

Des diverses espèces de servitudes en général et de la manière dont elles s'établissent en particulier.

Le territoire de France dans toute son étendue est libre (lois des 28 sept. et 6 oct. 1791, app. Code rural).

Des servitudes et de leurs diverses espèces en général.

Le droit de propriété est celui en vertu duquel une chose mobilière ou immobilière est soumise d'une manière absolue, exclusive, illimitée, à son propriétaire pourvu qu'il n'en fasse pas un usage prohibé par les lois et règlements. Mais ce droit peut être restreint, diminué, limité, soit par la convention des parties, soit par la volonté de la loi.

Une de ses principales modifications est la servitude.

La servitude est ce droit réel, en vertu duquel une personne est autorisée à tirer de la chose qui appartient à autrui une certaine utilité ou un certain agrément.

La grande division des servitudes, empruntée au Droit romain, est en servitudes réelles et en servitudes personnelles.

Nulle part le Code Napoléon n'emploie ces expressions si vraies de servitudes personnelles et de servitudes réelles ; mais cette division est tellement dans la nature des choses qu'il est bien forcé de la reconnaître implicitement. Dès qu'il dit servitudes, il ajoute toujours ou services fonciers. C'est que ce terme de servitudes personnelles blessait les oreilles encore chatouilleuses des rédacteurs du Code, en leur rappelant l'idée de cette féodalité pour laquelle ils semblaient éprouver une horreur insurmontable. Aussi le conseiller d'État Berlier dit-il dans son exposé des motifs de la loi relative aux servitudes (séance du 29 niv. an XII) : «Il ne s'agit point ici de ces prééminences d'un fonds sur l'autre qui prirent naissance dans le régime à jamais aboli des fiefs,» et le tribun Gillet (séance du 10 pluviose an XII) : «Ce qui diminue beaucoup l'immensité de la matière, c'est la suppression de cette masse monstrueuse de la féodalité dont autrefois elle était surchargée.»

Nulle part, non plus, nous ne trouvons dans le Code les mots d'héritage dominant et d'héritage servant ; mais seulement ceux de fonds asservi, de fonds assujetti, qui ne représentent à la pensée que l'effet d'un rapport entre deux propriétés. Enfin, c'est la même idée qui fait dire dans l'art. 638 : «La servitude n'établit aucune prééminence d'un héritage sur l'autre,» nouveau coup porté à l'ancien état de choses.

Quoi qu'il en soit, la division des servitudes en personnelles et réelles est employée par tous les auteurs. Mais nous devons nous expliquer sur le sens à donner à ces expressions servitudes personnelles.

Toute servitude en général est réelle en ce sens qu'elle crée un droit réel qui grève la chose sur laquelle elle s'applique. Dans un sens plus restreint, on appelle servitude réelle, ou service foncier, celle qui est établie sur un héritage au profit d'un autre héritage, par opposition à la servitude personnelle, qui est celle établie sur un fonds au profit d'une personne déterminée. A la vérité, la servitude, soit personnelle, soit réelle, est toujours créée pour l'utilité ou l'agrément des personnes ; mais la servitude réelle profite à tout possesseur quel qu'il soit du fonds dominant, tandis que la servitude personnelle ne profite, comme nous l'avons dit, qu'à une personne déterminée.

Les servitudes personnelles sont :

L'usufruit, c'est-à-dire le droit réel de jouir de choses dont un autre a la propriété, comme le propriétaire lui-même, mais à charge d'en conserver la substance; le droit d'usage, c'est-à-dire la faculté de se servir de la chose d'autrui, mais en prenant seulement parmi les fruits ce qui est nécessaire à l'usager et à sa famille; enfin l'habitation, qui n'est autre chose qu'un droit d'usage portant sur une maison.

Nous n'avons à entrer dans aucun détail sur ces servitudes; nous passons de suite aux servitudes réelles ou services fonciers.

CHAPITRE PREMIER.

Des servitudes réelles et de leurs caractères.

Ces servitudes sont aussi nécessaires dans un état social quelconque que la propriété elle-même. Du jour où deux cabanes se sont élevées l'une à côte de l'autre, il a dû naître une servitude. Lorsque les villages, les bourgs, les villes se sont multipliés, les servitudes sont devenues de plus en plus indispensables pour l'utilité respective des habitants, et bientôt le simple agrément put légitimement servir de cause à leur établissement.

Pour bien comprendre la nature des servitudes, nous croyons qu'il est utile de distinguer ce qui, chez elles, est essentiel de ce qui est simplement accidentel.

Doit être considéré comme essentiel tout ce qui, venant à manquer, ferait qu'un pareil droit ne constituerait plus une servitude. Sont accidentelles, au contraire, certaines manières d'être qui ne se rencontrent pas nécessairement dans toute servitude.

§ 1ᵉʳ. *Des caractères essentiels des servitudes.*

Les caractères essentiels de la servitude se trouvent en partie dans la définition donnée par le Code dans l'art. 637 : «Une servitude est «une charge imposée sur un héritage pour l'usage et l'utilité d'un hé- «ritage appartenant à un autre propriétaire.»

1° La servitude est une charge, c'est-à-dire une chose incorporelle, une abstraction, qui ne saurait exister par elle-même sans deux immeubles distincts.

Si on la considère comme passive, la servitude est une charge qui diminue la valeur du fonds servant. Du point de vue du fonds dominant, au contraire, la servitude est un accessoire, mais un accessoire augmentant la valeur du fonds pour l'utilité ou l'agrément duquel elle a été constituée. La servitude est donc un simple attribut incorporel favorable au fonds dominant et défavorable au fonds servant.

En elle-même, la servitude n'est ni meuble ni immeuble ; mais considérée dans son union avec les immeubles, elle est de la même nature que ceux-ci (art. 526, C. Nap.). Toute servitude est donc un immeuble.

De ce que la servitude ne peut exister sans un immeuble auquel elle est attachée, il suit :

Qu'une servitude ne peut être louée, ni vendue séparément du fonds qui en profite ;

Qu'une servitude ne peut être grevée par elle-même d'hypothèque, mais seulement comme accessoire de l'immeuble, parce qu'elle ne peut être expropriée, ni vendue séparément ;

Qu'il ne faut pas confondre une servitude avec un droit de propriété souterraine ou superficielle. Ainsi, le propriétaire d'une cave située au-dessous de la maison d'une autre personne, ou d'une terrasse placée au-dessus de cette même maison, est propriétaire de cette cave ou de cette terrasse non point à titre de servitude, mais *jure dominii*, car son droit ne constitue point une charge établie sur un héritage au profit d'un autre héritage. C'est là une distinction d'une importance pratique très-grande, puisque, d'une part, la propriété est toujours susceptible de s'acquérir par prescription, tandis que certaines servitudes, nous les rencontrerons plus loin, sont imprescriptibles; et que, d'autre part, la propriété ne se perd jamais par le non-usage, il faut toujours qu'à l'inaction du propriétaire se joigne la possession d'un tiers, tandis que, pour les servitudes, le simple non-usage pendant trente ans en emporte l'extinction.

2° La servitude constitue un droit réel, c'est-à-dire un démembrement de la propriété du fonds servant au profit du fonds dominant.

Ce droit est acquis au propriétaire du fonds dominant, qui en jouit et l'exerce tant qu'il conserve la propriété de ce fonds.

La servitude étant un droit réel, diffère essentiellement du droit de créance. Ce dernier frappe le débiteur et accessoirement ses biens; au contraire, la servitude frappe le fonds servant, peu importe qui en est propriétaire.

De là il résulte:

a) Que le créancier jouissant d'un droit de créance peut attaquer seulement son débiteur; tandis que la personne jouissant d'un droit de servitude à titre de propriétaire du fonds au profit duquel la servitude est établie, exerce son droit directement sur l'immeuble servant envers et contre tous.

b) Que le droit de servitude ne peut, quand le propriétaire du fonds servant ne s'y soumet pas, se résoudre en dommages et intérêts à l'égard du propriétaire du fonds dominant.

c) Que les mutations de propriétaires dans les deux fonds n'opèrent jamais aucun changement dans la situation des deux immeubles l'un à l'égard de l'autre.

d) Que celui qui achète un fonds grevé d'une servitude est obligé d'en souffrir l'exercice, sauf toutefois son recours contre le vendeur.

qui ne l'a pas prévenu de l'existence de la servitude. Mais il faut pour cela se trouver dans le cas prévu par l'art. 1638 : «Si l'héritage vendu «se trouve grevé, sans qu'il en ait été fait de déclaration, de servi- «tudes non apparentes, et qu'elles soient de telle importance qu'il y «ait lieu de présumer que l'acquéreur n'aurait pas acheté s'il en avait «été instruit, il peut demander la résiliation du contrat, si mieux il «n'aime se contenter d'une indemnité.»

3° La servitude ne peut être établie qu'en faveur d'un héritage, c'est-à-dire de biens fonds soit bâtis, soit non bâtis, de bâtiments ou de fonds de terre proprement dits.

Il est toujours défendu ou plutôt impossible d'établir une servitude sur un fonds, non pas au profit d'un autre fonds, mais au profit d'une personne. Ainsi, le droit de jouir d'un immeuble appartenant à au- trui, comme, par exemple, le droit de l'usager ou de l'usufruitier, ne saurait constituer un service foncier, parce que si, d'une part, ce droit présente à la vérité le caractère d'être une charge imposée sur un fonds, d'autre part, à la différence du droit de servitude, il est créé en faveur d'une personne déterminée.

Pour toute servitude, il est donc indispensable qu'il existe un im- meuble auquel le droit concédé sur un autre immeuble apporte une certaine utilité. Chaque fois que la convention ne suppose pas ou ne déclare pas l'existence d'un avantage au profit du fonds dominant, il n'y a pas de services fonciers. Par exemple, simple locataire d'une maison, j'y exploite une industrie qui a besoin d'eau; mais, pour en chercher, à moins de faire un énorme détour, il faut que je traverse la cour de la maison voisine. Je demande à son propriétaire et j'ob- tiens de lui, moyennant finance, le droit de passer sur son terrain. Aurai-je par là établi une servitude sur le fonds de mon voisin, au profit de l'immeuble dont je suis locataire? Non, évidemment, car le droit de passage m'a été concédé à moi personnellement et à mon profit, et il sera éteint le jour où je quitterai l'immeuble.

Je conviens avec vous que vous ne ferez aucune construction sur votre fonds, y a-t-il là établissement d'une servitude? Oui, si cette convention a pour effet de procurer à mon immeuble une utilité quelconque, comme de laisser à ma maison une plus belle vue; non, si mon immeuble se trouve à une distance de votre fonds telle que vos constructions ne puissent lui nuire, ou si entre les deux se trouve une montagne ou un édifice public, circonstances qui rendraient la convention dérisoire. «Mais, dit Garand de Coulon (répertoire de jurisp. «au mot servitude), les conventions des hommes ont quelque chose «de si sacré et dont l'exécution est si importante pour le bien de la «société, qu'il faut être bien sûr que celui qui en réclame l'exécution «n'y a nul intérêt pour la refuser.»

Faut-il donc, pour qu'il y ait servitude, que les deux héritages soient contigus?

On l'a soutenu, entre autres M. Duranton (tome V, n° 454); mais cette opinion nous semble exagérée. Nous croyons qu'il suffit que les fonds soient voisins, rapprochés l'un de l'autre; la contiguïté n'est nullement indispensable pour qu'il y ait utilité. Telle était déjà l'opinion de Dumoulin, opinion qu'a consacrée la cour de Montpellier par arrêt du 29 juin 1849. Il suffit donc, mais il est indispensable qu'il y ait utilité possible à l'égard du fonds dominant. Cette utilité peut être purement voluptuaire et, bien plus, simplement future, c'est-à-dire ne pas exister au moment de la convention, mais être susceptible de se présenter dans la suite. Ainsi, quoique ma maison soit séparée de celle de Pierre par celle de Paul, je puis acquérir au profit de mon fonds sur le fonds de Pierre la servitude *altius non tollendi*, parce que j'espère hériter de celle de Paul. On peut même stipuler une servitude en faveur d'une maison non encore construite, mais que l'on se propose d'élever. Ce serait une subtilité que de dire : il n'existe pas de maison, donc il ne peut y avoir de servitude; car tant que la maison n'est pas élevée, il n'y a qu'une simple promesse. C'est vrai; mais dès que la maison sera construite, la servitude sera établie.

4° On ne peut avoir à son profit une servitude sur son propre fonds.

La servitude, en ce cas, n'ajouterait rien au droit de propriété, puisque ce droit est le plus absolu que l'on puisse avoir sur une chose. Lorsqu'un propriétaire établit un passage sur un de ses fonds pour l'utilité ou l'agrément d'un autre fonds qui lui appartient, ce n'est point *jure servitutis*, mais *jure dominii* qu'il en use.

5° Un cinquième caractère des servitudes ou services fonciers consiste à ne pas imposer d'obligations personnelles et à n'établir aucune prééminence d'un fonds sur l'autre. C'est là ce que nous dit formellement l'art. 638 : «La servitude n'établit aucune prééminence d'un «héritage sur l'autre,» règle rejetée par le législateur dans l'art. 686 : «Il est permis aux propriétaires, etc., pourvu que les services établis ne «soient imposés ni à la personne, ni en faveur de la personne, et seu-«lement à un fonds et pour un fonds.»

Les servitudes n'imposent pas d'obligations personnelles, car elles consistent de la part du propriétaire du fonds servant à ne pas faire ou à laisser faire, mais jamais à faire. C'est cette idée que les Romains exprimaient en disant : *servitus consistit in patiendo non in faciendo*.

Le propriétaire du fonds dominant ne peut donc exiger aucun acte de la part du propriétaire du fonds servant. La servitude consiste dans le droit d'user du fonds assujetti et aussi d'empêcher le propriétaire du fonds servant de faire certains actes contraires à l'exercice de la servitude.

6° Enfin la servitude est indivisible, c'est-à-dire qu'elle est due par tout le fonds servant, à tout le fonds dominant.

Ce caractère résulte de la nature même de la servitude : en effet, elle est une chose incorporelle, qualité active ou passive des immeubles, favorable ou défavorable, selon qu'il s'agit du fonds dominant ou du fonds servant. Or, une qualité d'une chose ne peut se diviser. Si donc le fonds dominant vient à être fractionné, chacune de ses parties conservera son droit de servitude comme s'il existait en entier.

Dumoulin avait soutenu le contraire. Nous ne croyons pas que le Code ait admis son opinion. Il résulte des art. 700, 709 et 710 que la servitude est indivisible activement et passivement, c'est-à-dire quant à l'immeuble dominant et quant à l'immeuble servant. Art. 700. «Si l'héritage pour lequel la servitude a été établie vient à être divisé, «la servitude reste due pour chaque portion, sans néanmoins que la «condition du fonds assujetti soit aggravée.»

Art. 709. «Si l'héritage en faveur duquel la servitude est établie «appartient à plusieurs par indivis, la jouissance de l'un empêche la «prescription à l'égard de tous. » Art. 710. « Si parmi les coproprié-«taires il s'en trouve un contre lequel la prescription n'ait pu courir, «comme un mineur, il aura conservé le droit de tous les autres.»

Ainsi, lorsque l'héritage dominant est indivis entre plusieurs personnes, la prescription du droit de servitude, interrompue par le fait de l'une d'elles, ou suspendue à son égard, reste sans effet à l'égard des autres (MM. Aubry et Rau, tome II, pag. 69). Néanmoins la charge de la servitude, quoique indivisible, peut être restreinte dans son exercice et limitée à une partie déterminée d'un héritage. Cette partie est alors seule à considérer comme héritage servant (ibid. note 7).

§ 2. *Des caractères accidentels des servitudes ou de leurs diverses espèces.*

Considérées quant à leurs caractères accidentels, les servitudes se divisent en continues ou discontinues, apparentes ou non apparentes, urbaines ou rurales.

La continuité ou la discontinuité, l'apparence ou la non-apparence sont les seuls caractères qui jouent un rôle important sous l'empire de notre Code. Nous en parlerons donc plus spécialement.

1° Art. 688. «Les servitudes sont ou continues ou discontinues. Les «servitudes continues sont celles dont l'usage est ou peut être con-«tinuel sans avoir besoin du fait actuel de l'homme; tels sont les «conduites d'eau, les égouts, les vues et autres de cette espèce. Les «servitudes discontinues sont celles qui ont besoin du fait actuel de «l'homme pour être exercées; tels sont les droits de passage, puisage «et autres semblables.»

«Les rédacteurs du Code cherchèrent longtemps la définition qui «se trouve ici, dit Jacques de Maleville (anal. de la discussion du Code «civil, page 138, t. 2); je crois qu'elle rend parfaitement la nature de «la chose définie. Ainsi, parmi les servitudes dont nous venons de faire «l'énumération, celles d'élever ou de ne pas élever son mur, de rece-«voir ou de faire couler les eaux des toits, celles d'aqueduc, de con-«duite ou de retenue d'eaux, de supporter les poutres du voisin, les «servitudes d'aspect et de jour, de vues droites ou obliques, sont des «servitudes continues. Celles de passage en quelque manière que ce «soit, de pacage, de cuite de chaux, plâtre ou tuiles et tirage de ma-«tériaux dans le fonds d'autrui, sont des servitudes discontinues. »

De notre art. 688 il résulte donc qu'il n'est pas nécessaire que les effets de la servitude soient continus pour constituer une servitude continue ; il suffit que l'usage de la servitude puisse être continu. Une fenêtre constitue une servitude essentiellement continue; il en est de même du droit de déverser les eaux pluviales d'un fonds sur un autre, car, s'il ne s'exerce pas toujours, son exercice dépend non du fait de l'homme, mais de l'événement de la nature.

2° Art. 689. «Les servitudes sont apparentes ou non apparentes. «Les servitudes apparentes sont celles qui s'annoncent par des ou-«vrages extérieurs, tels qu'une porte, une fenêtre, un aqueduc.»

Pour qu'il y ait servitude apparente, il faut :

a) Que les ouvrages faits par le propriétaire du fonds dominant soient apparents;

b) Que l'apparence de cette servitude n'ait rien de précaire, ni de passager;

c) Qu'elle ne soit point équivoque et révèle par conséquent le caractère de la servitude.

Peu importe, au surplus, que ces ouvrages soient faits sur le fonds dominant ou servant, pourvu qu'ils remplissent les conditions dont nous venons de parler (MM. Aubry et Rau, II, 72 ; Duranton, V, 493 ; Toullier, III, 635).

Art. 689, al. 2. «Les servitudes non apparentes sont celles qui n'ont «pas de signe extérieur de leur existence, comme, par exemple, la «prohibition de bâtir sur un fonds ou de ne bâtir qu'à une hauteur «déterminée.»

Ces principes paraissent bien simples, et pourtant la jurisprudence a souvent varié dans leur application. Nous allons rapporter quelques espèces assez curieuses empruntées à Dalloz (rép. de législation, voir servit.). Il a été jugé par la cour de cassation, le 24 nov. 1835, que le droit de passage ne constitue, malgré l'existence d'une porte donnant accès sur la propriété voisine, qu'une servitude discontinue, puisqu'elle a besoin du fait actuel de l'homme pour être exercée; par la cour d'Aix, le 31 janv. 1838, que le droit d'avoir un évier servant à déverser des eaux ménagères, bien qu'il s'annonce par des ouvrages apparents, n'est également qu'une servitude discontinue; par la cour de Pau, le 11 juin 1834, qu'une prise d'eau qui s'annonce par des ouvrages apparents constitue une servitude continue, encore bien qu'il soit nécessaire de lever des écluses pour l'exercice de cette servitude. La cour de Rennes, par arrêt du 23 janv. 1833, a même été jusqu'à décider qu'un bateau, attaché à un poteau sur le rivage d'un étang, peut être considéré comme ouvrage permanent capable de donner à la servitude de pêche sur cet étang le caractère de servitude apparente. Nous croyons, avec l'arrêtiste, que c'est aller beaucoup trop loin et que l'existence de ce bateau, même en le regardant comme *ouvrage* dans le sens de l'art. 689, ce qui est fort contestable, n'annonce pas plus la servitude de pêche que celle de promenade sur l'étang.

3° Art. 687. «Les servitudes sont établies ou pour l'usage des bâ-«timents, ou pour celui des fonds de terre. Celles de la première «espèce s'appellent urbaines, soit que les bâtiments auxquels elles «soient dues soient situés à la ville ou à la campagne. Celles de la «seconde espèce se nomment rurales.»

Cette distinction, extrêmement importante en Droit romain, n'est plus d'aucune utilité, sous l'empire du Code, ni pour acquérir les servitudes, ni pour en user, ni pour les perdre (MM. Aubry et Rau, Toullier, III, 596 ; Pardessus, n° 51 ; Duranton, V, 487).

Autrefois, une des principales divisions des servitudes était celle des servitudes positives et des servitudes négatives. Les servitudes positives ou affirmatives étaient celles en vertu desquelles le propriétaire de l'héritage servant était tenu d'y souffrir certaines choses ; les servitudes négatives, celles qui obligeaient seulement le propriétaire de cet héritage à n'y point faire quelque chose ; telles étaient la défense d'établir des fourneaux, des chemins, des puits dans un certain rayon du fonds voisin.

Inutile comme la précédente, les rédacteurs du Code ont eu le bon esprit de ne pas reproduire cette division.

CHAPITRE DEUXIÈME.

De l'établissement des servitudes.

---

§ 1er. *Sur quoi on peut établir les servitudes.*

Tous fonds de terre et bâtiments, quel que soit celui auquel ils appartiennent, peuvent être frappés de servitudes.

Les biens du domaine de l'État, des communes et des établissements publics sont, d'après l'art. 2227, soumis aux mêmes prescriptions que les particuliers et peuvent également les opposer. Des servitudes peuvent donc être acquises par des particuliers sur des biens du domaine de l'État, des communes ou des établissements publics, et par l'État, les communes et les établissements publics sur les biens des particuliers.

Mais, sur la question de savoir si les biens du domaine public, soit national, soit municipal, peuvent être aussi grevés de servitude par les particuliers, il existe une controverse sérieuse.

Voici notre opinion : il convient de distinguer si le droit de servitude réclamé par un particulier sur un bien du domaine public est contraire ou ne l'est pas à la destination de cet héritage du domaine public. Dans le premier cas, les particuliers ne peuvent jamais acquérir aucune servitude sur ces biens; dans le second, au contraire, ils le peuvent.

Ainsi, le propriétaire d'une maison donnant sur une rue ne pourra jamais grever cette rue de la servitude d'un balcon en saillie ou d'un escalier extérieur, car la rue n'a nullement la destination de procurer cet avantage aux divers propriétaires des maisons qui la bordent. Au contraire, les particuliers ont le droit de grever la rue de la servitude de portes ou de fenêtres donnant sur elle, précisément parce que toute rue est destinée à faciliter les communications des particuliers et l'introduction de l'air dans leurs maisons. Il y a donc un droit réel acquis par les propriétaires riverains. — Sans doute, on peut priver les propriétaires de ce droit, qui n'est qu'un accessoire de leurs maisons, puisqu'on peut les priver de leurs maisons elles-mêmes; mais c'est parce que l'utilité publique le veut ainsi, et l'autorité est obligée d'accorder aux propriétaires expropriés ou seulement privés de quelques-uns de leurs droits, pour cause d'utilité publique, une juste et préalable indemnité (Cass., 5 juin 1836; Besançon, 29 avr. 1841; cons. d'État 15 juin 1842). Or, accorder une indemnité, c'est nécessairement reconnaître un droit.

Quand un particulier construit une maison donnant sur une rue, il y a pour ainsi dire contrat entre lui et l'autorité publique; il s'engage à bâtir une maison, à condition que l'autorité lui accordera le droit de faire des portes et fenêtres sur la rue. Aussi la cour de Nancy, par arrêt du 28 janvier 1840, a-t-elle décidé que tout édifice élevé sur une rue ou sur une place a, par le seul fait de cette situation, droit acquis à la jouissance du passage, des issues et des jours, et autres avantages qui résultent d'une libre communication avec la voie publique; qu'en conséquence une commune ne peut construire sur un terrain faisant partie de la voie publique au préjudice des propriétaires riverains.

Toullier nous montre, avec sa clarté habituelle, les conséquences injustes auxquelles on arrive avec le système opposé. «Ainsi, dit-il, le «père de famille qui, sur la foi de la loi et de l'autorité publique, «a bâti à grands frais sur une place, sur un chemin, etc., une belle «façade, n'a qu'une propriété précaire. Si la place, si le chemin chan-«gent de destination, celui qui deviendrait concessionnaire du terrain «pourrait contraindre tous les propriétaires riverains à fermer leurs «portes et leurs fenêtres, leur refuser passage, etc., ou les forcer à «racheter ces droits au prix qu'y mettrait son caprice et leurs besoins. «Une assertion aussi contraire à la justice et à l'équité devrait être «soutenue d'une loi précise, etc.»

Les immeubles du domaine public, placés hors du commerce à raison des usages publics auxquels ils sont destinés, peuvent donc être grevés de toutes servitudes non contraires à leur destination. Cette doctrine est, au surplus, celle de la majorité des auteurs; de MM. Aubry et Rau, II, 72; Toullier, III, 473; Proud'hon, du domaine public, II, 363 à 377. MM. Pardessus, nos 35 et suiv., et Duranton, V, 294 et suiv., sont du système opposé que la jurisprudence est presque unanime à repousser (Reims, 20 février 1811; Cass., 11 février 1828; Nancy, 31 janv. 1838, rap. par Dalloz, voy. servitudes).

§ 2. *Comment s'établissent les servitudes.*

C'est à propos des servitudes conventionnelles que le législateur a parlé des modes d'établissement des servitudes. Établir des servitudes, c'est en effet les créer; or, celles établies par la loi, ou dérivant de la situation naturelle des lieux, existent indépendamment de la volonté de l'homme.

Les servitudes s'établissent : 1° par titre; 2° par prescription; 3° par destination du père de famille. Dans ces trois cas, c'est la volonté de l'homme qui crée cette situation ; toutefois, dans la prescription, cette volonté est seulement supposée; c'est pourquoi certaines servitudes seulement sont susceptibles d'être acquises de cette manière.

1° De l'établissement des servitudes par titre.

Titre, d'après l'opinion de M. Pardessus, II, n°ˢ 242 et 243, veut dire écrit, acte; d'où il résulte qu'il n'y a de servitudes conventionnelles que quand la convention est passée par écrit. C'est là, nous le croyons, une grave erreur; c'est confondre la preuve du titre avec le titre lui-même, et renverser ce principe fondamental du Droit français, d'après lequel le consentement réciproque fait la convention. L'écriture n'est jamais, sauf de rares exceptions, qu'un moyen de preuve. L'art. 690 n'exclut donc pas la preuve par témoins de l'établissement par commun accord de servitudes continues et apparentes, s'il existe un commencement de preuve par écrit (Paris, 14 juin 1843).

Le titre est donc la cause génératrice de la servitude, la volonté de l'homme manifestée sous une forme qui peut varier. Il peut être écrit ou non écrit ; mais il est beaucoup plus prudent que la convention soit écrite.

Les titres peuvent être envisagés : a) sous le rapport de la capacité des personnes qui créent les servitudes ; b) sous le rapport de la capacité des personnes au profit desquelles elles sont établies ; c) sous le rapport du caractère des actes qui servent à les constater.

Mais avant d'étudier ces trois points, il convient de signaler une modification importante apportée aux principes du Code Napoléon. D'après lui, le titre constitutif d'une servitude n'avait pas besoin d'être transcrit pour être opposable aux tiers ; mais la loi du 23 mars 1855 a soumis toute création de droits réels à la nécessité de la transcription. L'utilité de cette formalité se comprend quand la servitude est discontinue ou non apparente ; lorsqu'elle frappe les yeux, de quoi peuvent se plaindre les tiers. Quoi qu'il en soit, *ubi lex non distinguit, nec nos distinguere debemus.*

a) *Qui peut constituer une servitude.*

L'effet d'une servitude étant de diminuer les droits et la liberté naturelle des héritages de manière à en produire une espèce d'aliénation partielle, une servitude ne peut être imposée sur un fonds que par le consentement valable du propriétaire auquel ce fonds appartient (art. 686).

Le possesseur même de bonne foi ne peut consentir une servitude, précisément parce qu'il n'est pas propriétaire.

Le copropriétaire par indivis n'a pas non plus le droit de concéder valablement des servitudes sans le consentement de ses copropriétaires.

Le nu-propriétaire a la faculté de consentir des servitudes sur l'immeuble dont il a la nu-propriété, ou ne l'a pas, suivant que ces servitudes ne sont pas, ou sont, susceptibles d'apporter une restriction aux droits de l'usufruitier. Ainsi, le nu-propriétaire peut grever son immeuble de la servitude *altius non tollendi*, ou de celle *non œdificandi*, parce qu'elles ne nuisent en rien à l'usufruitier ; celui-ci n'ayant pas le droit de bâtir, d'exhausser des bâtiments, en un mot de changer la situation de l'immeuble.

Celui dont la propriété est résoluble, peut bien créer des servitudes ; mais elles s'évanouissent avec l'extinction ou la résolution de son droit. Par exemple, l'acquéreur sous faculté de rachat, l'héritier d'un fonds légué sous condition non accomplie, le donataire qui peut être tenu à rapport ou évincé par révocation de la donation pour cause d'inexécution de conditions ou de survenance d'enfant, voit, avec son droit, disparaître les servitudes qu'il a pu concéder. Mais quand une donation est révoquée pour cause d'ingratitude, ou qu'un absent reparaît après l'envoi en possession définitive, il y a exception à ce principe.

Les administrateurs des biens d'autrui, comme les tuteurs ou curateurs, mandataires en vertu d'une procuration générale, envoyés en possession provisoire des biens d'un absent, ne peuvent, en tant qu'administrateurs, imposer des servitudes sur les fonds qu'ils régissent. Le mari n'a pas le droit de consentir des servitudes sur les propres de sa femme; ni sur les biens dotaux, même avec le consentement de celle-ci, hors des cas prévus par les art. 1554 et suivants.

Puisque, pour consentir une servitude, il faut avoir capacité d'aliéner, ni le mineur, ni l'interdit, ni le pourvu d'un conseil judiciaire, ni la femme non autorisée ne jouissent de ce droit. Le mari ne peut grever de servitudes, à titre gratuit, les biens de la communauté, puisqu'il ne peut en disposer par donation que pour l'établissement des enfants communs; s'il les constituait par testament, elles ne seraient valables, après le partage, que si l'immeuble grevé tombait dans le lot des héritiers de ce mari. Mais libre de disposer, à titre onéreux, des biens de la communauté, il est libre aussi de les grever de telles servitudes que bon lui semble.

b) *Qui peut acquérir une servitude.*

Lorsqu'il s'agit d'acquérir les servitudes, les mineurs, les interdits, les femmes mariées ont capacité pleine et entière, en vertu du principe qu'un incapable peut toujours rendre sa condition meilleure. Quant à la question de savoir si on peut acquérir une servitude au profit d'un fonds qu'on annonce appartenir à autrui, elle se résout de la façon suivante; pour qu'une stipulation faite au profit d'un tiers soit valable, il faut que celui qui stipule se porte fort pour ce tiers, ou soit son mandataire, ou soit dans la situation déterminée par l'art. 1121. Au surplus, ce sujet rentre dans le cercle des contrats et obligations conventionnelles.

Le copropriétaire peut, à notre avis, stipuler valablement des servitudes au profit du fonds indivis, parce qu'il est censé gérer la chose commune.

L'usufruitier, l'usager, l'antéchrésiste ont qualité pour acquérir une servitude en faveur du fonds sur lequel ils exercent leur droit réel; et, si cette servitude est favorable au fonds pour lequel elle a été établie, elle sera valable même après l'extinction de ce droit réel. Bien plus, le possesseur même de mauvaise foi peut stipuler des servitudes, que le véritable propriétaire pourra réclamer, à moins qu'elles n'aient été concédées à titre gratuit, car les servitudes sont acquises par le fonds et non par la personne.

c) Quant à la qualité que doit avoir le titre, nous sortirions de notre sujet, si nous examinions quels actes peuvent en servir, quelles doivent être leurs formes, etc., etc. Il nous suffira de remarquer que l'on peut acquérir une servitude, au moyen de tout titre, habile à transférer la propriété, soit à titre onéreux, soit à titre gratuit; d'un acte entre vifs, ou de dispositions de dernière volonté. Enfin un jugement peut établir une servitude quand il y a partage entre cohéritiers ou copropriétaires indivis. Toutefois il convient de s'entendre à l'égard de cette expression. En Droit français, les jugements sont déclaratifs, jamais créateurs de droits. Seulement ils peuvent sanctionner un état de choses, une création de servitude, que contient un cahier des charges.

Passons à l'art. 695, ainsi conçu : «Le titre constitutif de la servi- «tude, à l'égard de celles qui ne peuvent s'acquérir par prescription, «ne peut être remplacé que par un titre récognitif de la servitude, «et émané du propriétaire du fonds asservi.» Cet article est mal rédigé; il confond d'abord le titre constitutif de la servitude et l'acte instrumentaire destiné à en établir l'existence. Ensuite, si on en tirait un argument *a contrario,* on arriverait à dire que, pour les servitudes susceptibles d'être acquises par usucapion, le titre pourrait émaner d'une personne autre que le propriétaire du fonds asservi: ce serait une grave erreur. Le législateur a tout simplement voulu rappeler que, pour les servitudes continues et apparentes, le titre peut être remplacé par l'usucapion (MM. Aubry et Rau, II, page 76, note 12).

L'art. 696 est l'expression du bon sens, nous dit Jacques de Maleville. Il prévoit le cas où une servitude, qui en règle générale ne se présume jamais, peut s'établir tacitement comme accessoire d'une autre. Il est évident qu'ici les tribunaux doivent, en cas de contestation, n'accorder que ce qui est strictement nécessaire à l'exercice de la servitude, surtout si elle dérive d'un titre gratuit, parce que l'on doit toujours se prononcer en faveur de la libération.

2° De l'acquisition des servitudes par prescription.

Sur ce point, comme sur tout d'autres, il existait autrefois dans notre législation une bigarrure incroyable. En général, les parlements, dans les pays de droit écrit, admettaient la prescription de 10 à 20 ans avec juste titre et bonne foi. Celui de Grenoble ne reconnaissait que celle de 30 et celle de 40 ans. Mais tous subdivisaient les servitudes en espèces innombrables et donnaient à la prescription des points de départ différents. Dans les pays de droit coutumier c'était peut-être pis encore. Certaines coutumes repoussaient la prescription, mais seulement quand il s'agissait de places vides ou terrains non clos, de servitudes urbaines, etc., etc.; celles d'Épinal (tit. 10, art. 6) et de Lorraine (tit. 14, art. 4) ne l'admettaient que pour les servitudes connues ; quelques coutumes enfin étaient muettes.

Le Code Napoléon a placé la prescription au nombre des modes d'acquisition des servitudes, mais en établissant à cet égard des règles tout à fait spéciales. C'est que, plus il était facile d'obtenir des servitudes sous l'apparence de la familiarité et du bon voisinage, et plus le législateur devait prendre des précautions pour empêcher les abus. Aussi, art. 690, les servitudes continues et apparentes s'acquièrent-elles seules par la possession de 30 ans. Le caractère d'apparence et de continuité a été jugé comme suffisant pour prévenir les difficultés de la preuve par témoins.

Il n'est pas difficile de voir pour quels motifs les servitudes discontinues apparentes ou non et les servitudes continues non apparentes ne peuvent s'acquérir par prescription ; car, aux termes de l'art. 2229, pour pouvoir prescrire, il faut jouir d'une possession continue, et une servitude discontinue n'en est pas susceptible ; d'une possession publique, et une servitude non apparente ne peut être possédée publiquement. La possession doit de plus être non équivoque ; serait équivoque celle du fermier qui voudrait prescrire une servitude sur le

fonds qu'il a affermé au profit d'un immeuble qui lui appartient. Enfin
une servitude même continue et apparente ne peut être prescrite,
quand elle résulte d'un acte de pure tolérance de la part du propriétaire du fonds servant, et non d'un droit du propriétaire du fonds dominant, parce que, dans ce cas, la servitude est établie à titre précaire,
et qu'un tel acte ne peut fonder ni possession , ni prescription
(art. 2232).

Relativement au temps déterminé par la loi pour l'acquisition des
servitudes, le texte de l'art. 690 a donné lieu à de sérieuses discus-
sions. Certains jurisconsultes, entre autres MM. Delvincourt, t. I, p.
413 ; Duranton, t. 5, p. 593 ; Troplong, prescr., n° 56 ; Mourlon, rép.
écrites, t. III, soutiennent que notre article n'exclut pas l'usucapion de
10 à 20 ans, lorsque le possesseur réunit non-seulement les conditions
exigées par l'art. 2229, mais y joint encore le juste titre et la bonne foi.

Qu'est-ce qu'une servitude ? disent-ils. Un immeuble par l'objet auquel il s'applique (art. 626). Or, la loi, en matière d'usucapion, dit dans
l'art. 2265 que la prescription de 10 à 20 ans peut courir contre tout
immeuble. Les raisons sont les mêmes pour l'acquisition des servitudes que pour celle de la propriété. On peut usucaper la propriété
par la possession de 10 à 20 ans ; *a fortiori* doit-on pouvoir en acquérir
un démembrement, une servitude.

Tous ces arguments, pour soutenir que l'art. 2265 est applicable
en matière de servitudes, se détruisent en présence du texte si éner-
gique de l'art. 690 : «Les servitudes continues et apparentes s'acquièrent
«par titre ou par prescription *de trente ans*,» corroboré encore par l'art.
2264 : «les règles de la prescription sur d'autres objets que ceux men-
«tionnés dans le présent titre, sont expliquées dans les titres qui leur
«sont propres» (conf. MM. Aubry et Rau, t. II, p. 76, n. 1, et Cass.,
10 déc. 1834 ; Bordeaux, 29 mai 1838 ; Bastia, 5 janvier 1847 ; Agen,
23 nov. 1857, rap. par Dalloz, rép. de législ. au mot serv., p. 295).

Enfin, nous croyons, en nous appuyant sur l'art. 691, que les servitudes discontinues, apparentes ou non, sont tout à fait imprescrip-

tibles (MM. Aubry et Rau, t. II, p. 77 ; Troplong, n° 857 ; Démolombe, t. II, p. 296).

Examinons maintenant quels sont les effets de la prescription en matière de servitudes. De ce principe *tantum prescriptum tantum possessum*, il résulte que, quand la prescription a fait acquérir une servitude, la jouissance de cette servitude doit être limitée à ce qui a été usucapé. Si, par exemple, j'ai acquis par prescription le droit d'appuyer sur votre mur non pas des poutres, mais six poutres, je ne puis en appuyer sept. Un arrêt de cassation en date du 1er mars 1831 a jugé dans le même sens que, s'il n'est pas établi que la possession ou jouissance de châssis mobiles, qui ont été substitués à des châssis dormants, a eu lieu au vu et su du propriétaire à la charge duquel la servitude de jour existe, on n'est pas fondé à se prévaloir de la prescription pour conserver les châssis mobiles. Mais par la prescription on peut ajouter aux servitudes qui dérivent de la situation des lieux ou de la volonté de la loi, pourvu qu'elles n'intéressent pas l'intérêt général.

La prescription court du jour (art. 2260) et non du moment, où l'on a commencé à posséder la servitude et où le propriétaire du fonds dominant a fait et terminé les ouvrages destinés à l'exercice de la servitude. La possession continue tant que les choses restent dans cet état.

Dans le second alinéa de l'art. 691, le législateur a appliqué l'art. 2 du Code Napoléon, et il en résulte que, dans les pays où existait la règle *nulle prescription sans titre*, on ne pourrait invoquer aujourd'hui que la possession postérieure à la promulgation du Code.

3° De la destination du père de famille.

On appelle destination du père de famille la disposition ou l'arrangement qu'il fait sur un ou plusieurs de ses immeubles pour l'utilité de l'un d'eux.

Dans les coutumes de Paris, Orléans, Calais et Metz, il fallait qu'elle fût prouvée par écrit ; dans celles du Lodunois, de Normandie et de

Touraine, elle était admise sans cette preuve, mais en cas de partage seulement. Les coutumes d'Étampes, Sedan, Melun, Reims, etc., n'exigeaient jamais la preuve par écrit; enfin, le plus grand nombre ne renfermaient nulle disposition à cet égard.

La destination du père de famille ne vaut titre qu'à l'égard des servitudes continues et apparentes (art. 692).

Art. 693. «Il n'y a destination de père de famille que lorsqu'il est «prouvé que les deux fonds actuellement divisés ont appartenu au «même propriétaire, et que c'est par lui que les choses ont été mises «dans l'état duquel résulte la servitude.»

La loi exige donc deux choses pour qu'il puisse y avoir destination du père de famille : 1° que les deux fonds aient été réunis dans la même main; 2° que les choses aient été mises ou laissées dans l'état actuel par le propriétaire de ces deux fonds.

Quant à la preuve, MM. Merlin (rép. univ. et rais. de jurisp., p. 45) et Pardessus (Traité des servitudes, § 394) font une distinction entre celle que les deux fonds ont appartenu au même propriétaire, susceptible par sa nature d'être faite par écrit, et celle de la constitution de la servitude qui peut être faite même par témoins. Nous ne croyons pas cette opinion admissible, puisque l'art. 692 porte que la destination du père de famille vaut titre, c'est-à-dire équivaut à titre, et que, si on exige l'écriture, ce sera exiger un titre. En outre, les termes si généraux de l'art. 693 *lorsqu'il est prouvé* font voir que la loi admet la preuve par témoins (conf. Aubry et Rau, t. II, p. 79; Toullier, t. III, p. 610; Duranton, t. V, n° 574; Marcadé, et Demolombe, n° 812).

Art. 694. «Si le propriétaire de deux héritages entre lesquels il «existe un signe apparent de servitude dispose de l'un des héritages, «sans que le contrat contienne aucune convention relative à la servi-«tude, elle continuera d'exister activement et passivement, en faveur «du fonds aliéné, ou sur le fonds aliéné.»

Cet article semble au premier abord compléter les dispositions du Code sur la destination du père de famille et modifier profondément l'art. 692, qui n'admet ce mode d'acquisition que pour les servitudes non-seulement apparentes, mais encore continues. Il a donné lieu à de nombreux systèmes sur lesquels nous allons jeter un coup d'œil. Merlin (rép. univ. de jurisp., p. 45, voy. serv.) prétend, qu'à la différence des art. 692 et 693, l'art. 694 s'applique aux servitudes apparentes même discontinues et que, par conséquent, il suffit que les deux fonds aient été séparés par aliénation à titre onéreux ou gratuit du propriétaire, pour qu'il y ait destination du père de famille. D'après lui, les art. 692 et 693 ne régiraient que le cas où la séparation des deux héritages a eu lieu par effet du partage, et alors seulement il serait nécessaire que la servitude apparente fût continue.

Le texte de l'art. 690 est, à notre avis, beaucoup trop positif pour que l'on puisse admettre cette opinion.

MM. Pardessus, n°s 288 et 300, et Duranton, n° 569, croient que l'art. 694 est tout à fait étranger à la destination du père de famille et que la volonté tacite des parties suffit pour créer la servitude soit continue, soit discontinue, pourvu qu'elle soit apparente et que l'on soit dans le cas prévu par la loi.

Mais la loi nous dit *la servitude continue d'exister*, ce qui suppose nécessairement une servitude préexistante.

Nous pensons avec MM. Aubry et Rau, t. II, p. 87, n° 5, qu'il ne s'agit nullement ici de l'établissement d'une servitude nouvelle, mais d'une servitude établie antérieurement et éteinte par la confusion. Alors un signe apparent, dans le silence du titre, suffit pour la faire renaître; elle continue donc de subsister. C'est là, au reste, ce que nous dit le tribun Albisson, dans son rapport au tribunat, séance du 7 pluviose an XII : «Dans l'ancienne jurisprudence, toute servitude «étant éteinte, lorsque le fonds à qui elle est due et celui qui la doit «sont réunis dans la même main (règle certaine et consacrée par l'art. «704 du projet), il était indispensable pour la conservation de la servi-«tude qu'elle ait été réservée expressément dans l'acte d'aliénation. Mais «on ne prévoyait pas le cas où, la chose parlant d'elle-même, la réser-

«vation ne devenait plus nécessaire; et c'est ce cas que le projet pré-
«voit très-sagement.»

———

En résumé, les trois modes d'établissement des servitudes s'appli-
quent ainsi : le titre à toute espèce de servitudes; la prescription et la
destination du père de famille, à celles-là seules qui sont continues et
apparentes.

DROIT ADMINISTRATIF.

DE L'ADMINISTRATION DÉPARTEMENTALE.

INTRODUCTION.

La France était loin de posséder autrefois cette unité de territoire, de justice, d'administration, qui la rend aujourd'hui si puissante. Le roi, en dehors des terres qui relevaient directement de lui, n'avait aucune autorité administrative, et ses ordres étaient foulés aux pieds par ses puissants barons. Mais la royauté se releva bientôt, et, sous la troisième race déjà, à l'aide des réserves introduites dans les chartes d'affranchissement des communes et des chevauchées des maîtres des requêtes, elle acquit une prépondérance qui devait toujours aller croissant. Sous Henri II, en 1551, les commissaires, établis pour l'exécution des ordres du roi, furent permanents. Sous Louis XIII, un édit de mai 1635 établit les intendants dans les provinces. C'était un terrible coup porté par Richelieu à la féodalité; aussi cette mesure souleva-t-elle de vifs mécontentements. Mais le ministre tint bon; il n'était pas habitué à plier. Sous la minorité de Louis XIV les murmures recommencèrent à propos d'impôts; Mazarin n'était pas encore assez puissant, il céda, et les intendants furent réduits à six. C'était pour en augmenter le nombre quelques années après ; en 1660 ils étaient plus nombreux que jamais, il y en avait 33. Les derniers établis le furent en Béarn et en Bretagne.

Les intendants administraient au nom du roi les pays d'élection, et leurs attributious, dans le détail desquelles nous ne pouvons entrer, étaient très-diverses et très-étendues. Mais dans les pays d'Etat, c'est-à-dire dans les provinces qui notamment avaient le droit de répartir et de recouvrer elles-mêmes leur contingent dans les impôts du royaume, l'autorité des intendants était presque nulle.

Telle fut l'administration des provinces jusqu'à l'Assemblée constituante. Celle-ci supprima les parlements, qui citaient à leur barre les agents administratifs, mit l'autorité administrative hors de la sphère d'action de l'autorité judiciaire, et par la loi du 22 décembre 1789 divisa la France en départements, districts, cantons et communes. Il y eut pour chaque département une administration départementale composée de 37 membres, élus par les citoyens actifs, c'est-à-dire par les Français majeurs de 25 ans, payant une contribution directe équivalant au moins à 3 journées de travail, etc. Cette administration collective se composait d'un conseil de département, d'un directoire de département et d'un procureur-général-syndic. Ce dernier était nommé directement par les électeurs. Quant aux huit membres du directoire, ils étaient choisis par l'administration départementale dans son propre sein et les 28 autres membres formaient le conseil général. Les membres de l'administration départementale étaient nommés pour 4 ans et renouvelés par moitié tous les deux ans; excepté le procureur-général-syndic.

Le conseil ne se réunissait qu'une fois l'an, durant un mois au plus. Dans cette session il fixait les règles de chaque partie de l'administration du département, ordonnait les travaux et les dépenses générales et recevait les comptes de gestion. Le directoire était en permanence.

C'était à lui qu'appartenait l'administration active, c'est-à-dire le soin de pourvoir aux différents services publics, d'après la direction, les indications ou le vote du conseil général. Mais, comme on avait compris qu'une administration collective se prête difficilement à l'expédition des affaires, on avait institué le procureur-général-syndic pour que l'unité se trouvât, au moins dans les détails; il était chargé de la suite des affaires; il était comme le bras du directoire; il avait voix consultative, mais non délibérative.

Ce système avait de graves inconvénients: d'un côté la complication des rouages et la pluralité d'administrateurs, d'où il résultait des embarras et des retards dans l'expédition des affaires; d'un autre côté l'anéantissement d'une responsabilité qui se disséminait sur tant de têtes et la réunion dans les mêmes mains de l'action et de la juridiction administrative. A la vérité, les délibérations des assemblées administratives des départements, sur tous les points qui intéressaient le régime de l'administration générale du royaume, ou sur des entreprises nouvelles et des travaux extraordinaires, ne pouvaient être exécutées sans l'approbation du roi et son autorisation; à la vérité encore, la constitution du 3 septembre 1791 réserva au roi le droit d'annuler les actes des administrations départementales contraires aux lois ou aux ordres qui leur auraient été adressés; mais le roi n'avait aucun moyen d'imprimer une direction quelconque à des administrations qui n'émanaient pas de lui; dans lesquelles il n'avait même aucun représentant. La constitution de 1791 ne lui permettait même de suspendre des administrateurs que sauf recours au Corps législatif, qui prononçait définitivement entre l'administration locale et le pouvoir exécutif.

La constitution du 24 juin 1793, qui ne fut du reste jamais appliquée, laissait subsister les administrations départementales, sauf les modifications qui pourraient être apportées par une nouvelle loi organique. Par un décret du 10 octobre 1793 (19 vend. an II) la Convention déclara le gouvernement révolutionnaire jusqu'à la paix. Dès lors il n'y eut plus d'administration régulière. L'autorité effective se trouva disséminée dans les clubs et les comités locaux de salut public, sous la direction du comité central de salut public, qui rendait compte tous les huit jours à la convention.

La loi du 1er ventose an III (19 févr. 1795) supprima les comités révolutionnaires, et celle du 28 germinal an III (17 avril 1795) rendit aux administrations départementales leurs anciennes attributions et leur ancien personnel ; mais on supprima le conseil de département et on le remplaça par une administration collective, élective, composée de cinq membres, qu'on appela administration centrale de département. Près de chaque administration centrale, il y eut un commissaire nommé et révocable par le directoire exécutif, qui pouvait même suspendre et révoquer les membres du directoire (Const. du 5 fruct. an III). C'était là un progrès immense ; mais il restait encore de graves inconvénients à faire disparaître : c'est ce que fit la loi du 28 pluviose an VIII (17 février 1800), qui organisa avec une sagesse admirable le personnel départemental tel qu'il existe encore aujourd'hui : préfet, conseil de préfecture, conseil général et secrétaire général.

Administration départementale.

Du préfet.

L'article 75 de la constitution du 5 fructidor an III exigeait 25 ans de tous les membres de l'administration départementale ; mais on n'applique pas cet article, parce que les préfets sont des agents politiques dont le choix doit être libre ; aussi aucune condition d'âge ni d'aptitude n'est-elle exigée d'eux. Le préfet est chargé seul d'administrer. En cas d'absence ou d'empêchement, c'est le doyen des conseillers de préfecture qui gère l'intérim de droit ; mais le préfet peut cependant déléguer cet intérim au secrétaire général. La désignation de l'intérimaire devrait être faite par le ministre de l'intérieur, si le préfet sortait de son département (arrêté du 17 vent. an VIII, 17 niv. an IX;

27 pluviose an X). Les nominations, promotions et révocations des préfets se font sur la proposition du ministre de l'intérieur; mais par leurs attributions les préfets se rattachent à tous les départements ministériels, correspondent avec eux et en reçoivent des ordres. Le préfet a donc des attributions beaucoup plus étendues en ce sens qu'aucun ministre: l'unité personnifiée dans l'Empereur au centre de l'Empire se retrouve dans la personne du préfet au chef-lieu de chaque département, et cette unité de pouvoirs y existe malgré la présence de plusieurs chefs de service spéciaux : car, en général, ces chefs de service n'ont pas l'*imperium*. Ainsi, le rôle des contributions directes est dressé, il est vrai, par le directeur, mais c'est le préfet qui peut seul le rendre exécutoire. De même, s'il s'agit de passer une adjudication de travaux publics ou de déterminer les propriétés qui doivent être cédées pour utilité publique, le cahier des charges et la liste de ces propriétés sont bien en réalité faits par l'ingénieur, mais c'est le préfet seul qui les arrête.

Le département a le double caractère de circonscription administrative et de personne civile; le préfet, par conséquent, est tout à la fois le représentant de l'autorité centrale dans le département considéré comme circonscription administrative, comme section d'un grand tout, et le représentant des intérêts spéciaux du département considéré comme personne civile.

1° *Comme représentant du pouvoir central*, le préfet assure l'exécution des mesures arrêtées par ce pouvoir dans l'intérêt des services publics, de l'ordre général et aussi des principes politiques du gouvernement. Les attributions qu'il exerce en cette qualité sont infiniment variées : elles touchent comme celles du gouvernement lui-même à tous les intérêts matériels et moraux de la société, et, pour les énumérer, il faudrait parcourir toutes les branches de l'administration. Le préfet n'a pas besoin, du reste, d'attendre les ordres de l'administration centrale; il peut et il doit agir le plus souvent en vertu des pouvoirs généraux qui lui appartiennent, sauf à se conformer aux instructions qu'il a reçues. A son tour il donne des instructions et des ordres aux sous-préfets et aux maires et au besoin réforme leurs actes. Toujours comme agent du gouvernement, le préfet exerce dans un grand nombre de cas déterminés par les lois un pouvoir de tutelle sur les établissements publics, les communes et même le département. Enfin il représente l'Etat considéré comme personne civile dans les actes juridiques, c'est-à-dire dans les procès et en général dans les contrats.

Le préfet nomme certains fonctionnaires et employés. La nomination des maires lui appartient dans les villes qui ne contiennent que 3000 âmes et au-dessous et d'autre part ne sont pas chef-lieu de département, d'arrondissement ou de canton. Lors de la première organisation d'une fabrique, une partie des membres est nommée par le préfet, l'autre par l'évêque. Le décret du 25 mars 1852, art. 5, énumère un assez grand nombre de fonctionnaires et d'employés que nomme le préfet. Mais le droit de nomination n'entraîne pas toujours celui de révocation; ainsi le préfet ne peut révoquer le maire qu'il a nommé; ce droit n'appartient qu'à l'Empereur. Le préfet ne peut même prononcer contre le maire nommé par lui qu'une suspension provisoire qui cesse de plein droit au bout de deux mois si elle n'a pas été confirmée par le ministre de l'intérieur. De même le préfet, qui nomme les commissions administratives des hospices, n'a pas le droit de les révoquer; c'est le ministre.

2° *Comme représentant des intérêts spéciaux du département*, le préfet est l'ordonnateur des dépenses votées par le conseil général; il gère les biens propres au département; il dirige les travaux d'intérêt départemental; il représente le département dans les actes juridiques; mais la qualité de représentant de l'Etat prédomine en lui, puisque s'il y a procès entre l'Etat et le département, c'est l'Etat qu'il représente.

Le décret de décentralisation du 25 mars 1852 a étendu notablement les attributions des préfets, surtout en ce qui concerne leur pouvoir de tutelle sur les établissements publics communaux et départementaux. Auparavant un décret impérial, ou tout au moins un arrêté ministériel, était nécessaire dans tous les cas d'administration départementale où la loi n'avait pas confié expressément au préfet le pouvoir de décision : aujourd'hui c'est la règle inverse qui est la vraie (art. 1er, décret du 25 mars 1852). C'est ce qui a fait donner au décret de 1852 le nom de décret sur la décentralisation administrative, quoiqu'il ait opéré plutôt une décentralisation bureaucratique qu'une décentralisation d'affaires.

Quoique très-grande aujourd'hui, l'autorité des préfets est limitée, d'abord dans leurs départements ; jamais, excepté en matière de conflits, ils ne peuvent l'exercer au dehors. De plus, par sa nature même, elle est circonscrite dans la sphère administrative ; ainsi le préfet ne peut évidemment empiéter sur le domaine législatif. Si son arrêté viole la loi, il peut être immédiatement déféré au conseil d'Etat pour incompétence ou excès de pouvoir ; si c'est un arrêté d'expropriation pour cause d'utilité publique qui ne remplisse pas les conditions exigées par la loi, le tribunal peut et doit refuser de prononcer l'expropriation, etc., etc.

Le préfet ne peut non plus entraver sur l'autorité judiciaire, excepté toutefois en matière de conflit ; mais, même dans ce cas, si le préfet, au lieu de se borner à revendiquer la connaissance de l'affaire pour l'autorité administrative, adresse dans son arrêté des injonctions ou des défenses au tribunal, cet arrêté sera annulé de ce chef par le conseil d'Etat, quand bien même il serait valide au fond.

Concentrée dans la sphère administrative, l'autorité préfectorale trouve aussi des limites : *au-dessus* les arrêtés et instructions ministériels et *a fortiori* les décrets impériaux. Quand donc un arrêté du préfet est contraire par une de ses clauses à un règlement d'administration publique rendu sur la même matière, cette clause n'a pas plus d'efficacité que si elle était en opposition avec une loi proprement dite. Enfin, le préfet ne peut en général, même sous prétexte d'urgence, statuer sur des matières que la loi réserve au ministre ou au chef de l'Etat. Ainsi, un préfet ne peut approuver une taxe d'octroi, sous prétexte que les ressources financières que la commune attend de cet octroi sont d'une nécessité urgente pour elle, et qu'il est impossible de subir les lenteurs de l'examen devant le ministre et le conseil d'Etat. *A côté* se trouvent également des bornes au pouvoir du préfet. Le préfet ne peut, par exemple, empiéter sur les juridictions administratives, ainsi sur le conseil de préfecture, considéré comme juridiction. Pour ce qui concerne l'administration économique du département, il n'est en général que l'agent des mesures arrêtées par le conseil général. Dans un assez grand nombre de cas, il est obligé de prendre l'avis du conseil de préfecture, à peine de nullité de son arrêté. Lorsqu'il statue sur l'instruction primaire, il lui faut l'avis du conseil départemental de l'instruction publique; et c'est même à ce conseil, et non au préfet, qu'il appartient de décider dans certains cas; ainsi quand il s'agit de la fixation du taux de la rétribution scolaire dans les écoles communales. Il doit aussi souvent prendre l'avis des chefs de service (décret du 25 mars 1852). *Au-dessous* même l'autorité du préfet se voit limitée. Le préfet ne peut, par exemple, substituer son action à celle du maire, lorsqu'il s'agit d'exercer des pouvoirs propres à l'autorité municipale.

Nous venons de jeter un coup d'œil sur les attributions administratives du préfet, cherchant plutôt à tracer leur ligne de démarcation, à déterminer leur sphère d'action, qu'à les énumérer toutes. Voyons maintenant quelles sont les voies de recours contre les actes administratifs. Lorsque le préfet a refusé de réformer son arrêté rendu en matière purement administrative, on peut se pourvoir devant le ministre que la matière concerne (décret du 25 mars 1852, art. 6). Quelquefois cependant l'opposition est portée devant le conseil de préfecture (loi du 29 floréal an X, et décrets du 15 octobre 1810 et 25 mars 1852). Enfin, quoique les tribunaux ne soient pas juges des actes administratifs, ils doivent refuser d'appliquer des peines pour infraction à des arrêtés réglementaires illégaux des préfets.

Du conseil de préfecture.

Nous n'avons pas à entrer dans les détails qu'exigerait l'étude de la composition des conseils de préfecture ; nous dirons seulement que, créés en l'an VIII, ils ont été réglementés par un grand nombre de lois postérieures et en dernier lieu par les décrets du 8 mars 1852, 27 mars 1852, 27 juillet 1855 et par la décision impériale du 1er mai 1858.

Etablis en permanence auprès du préfet pour lui ménager le temps que demande l'administration, le conseil de préfecture a trois classes d'attributions : des attributions consultatives, des attributions de décisions propres non contentieuses, des attributions contentieuses.

a) Le préfet est toujours libre de consulter, et il y a un assez grand nombre de cas où il est obligé de prendre son avis. Quand, par exemple, le conseil d'arrondissement ne se conforme pas à la répartition de l'impôt faite par le conseil général, le préfet statue, mais sur l'avis du conseil de préfecture ; ou quand encore le préfet inscrit d'office au budget d'une commune une dépense quelconque, etc., etc.

b) Ces attributions de décisions propres non contentieuses consistent dans l'autorisation que le conseil donne ou refuse, aux communes et à un grand nombre d'établissements publics, pour plaider. Les communes, hospices, bureaux de bienfaisance, fabriques, consistoires, congrégations, cures et chapitres, menses épiscopales et séminaires doivent être autorisés, dans le cas de procès, par le conseil de préfecture. C'est là un acte de tutelle administrative, car jamais l'adversaire de ces établissements ne peut recourir contre sa décision et ces établissements eux-mêmes ne peuvent en appeler que par voix gracieuse au conseil d'Etat.

c) Les attributions contentieuses du conseil de préfecture sortent de notre sujet. Disons seulement en passant que nous ne le regardons pas comme juge ordinaire du contentieux administratif, c'est-à-dire que nous ne le croyons pas appelé à juger tout litige administratif, dont la connaissance n'aurait pas été attribuée formellement à une autre autorité.

Les arrêtés du conseil de préfecture ne peuvent être réformés que par le conseil d'Etat, en cas de pourvoi ; si ce n'est quand il y a opposition ou tierce-opposition, car alors le conseil de préfecture peut rapporter ses décisions.

Du conseil général.

Corps électif, dont les président, vice-président et sécrétaire sont nommés par l'Empereur et choisis parmi les membres du conseil (loi du 7 juillet 1852, art. 5), le conseil général répartit chaque année les contributions dites de *répartition* entre les arrondissements du département, juge les demandes en réduction du contingent formées par les conseils d'arrondissement ou les communes, et vote les centimes additionnels (loi du 10 mai 1838; 1, 2, 3). Mais sa principale mission est de représenter les intérêts du département, et comme tel il délibère (art. 4, 10 mai 1838), donne son avis (art. 6, ibid. et décret du 25 mars 1852), surveille l'administration du préfet (ibid. art. 24 et ordonnance du 17 décembre 1818, art. 4 et 8), et enfin, émet des vœux sur les besoins des différents services publics, en ce qui se rapporte au département.

Du secrétaire général.

Ces fonctions ont été créées par l'art. 7 de la loi du 28 pluviose an VIII: «Un secrétaire général de préfecture aura la garde des papiers «et signera les expéditions.»

Indépendamment de ces attributions propres, le secrétaire général est un auxiliaire actif du préfet et peut au besoin le remplacer.

Les fonctions de secrétaire général réunies en 1817 à celles de conseillers de préfecture, rétablies comme fonctions distinctes en 1820, supprimées de nouveau en 1832, existent aujourd'hui comme fonctions distinctes dans les préfectures de 1re et de 2e classe (décret du 2 juillet 1853 et du 29 décembre 1854). En rétablissant les secrétaires généraux près des préfectures de 1re classe, le décret du 2 juillet 1853 les avait chargés des attributions de sous-préfet dans l'arrondissement chef-lieu. L'expérience n'a pas été favorable à cette combinaison ; aussi le décret du 29 décembre 1854 a-t-il fait cesser cet état de choses, tout en laissant au préfet, moyennant l'autorisation du ministre de l'intérieur, le pouvoir de confier au secrétaire général une partie de l'administration départementale.

Vu par le soussigné Doyen président de l'acte public.

Strasbourg, le 4 août 1860.

C. AUBRY.

Permis d'imprimer.

Strasbourg, le 4 août 1860.

Pour le Recteur en congé :

L'Inspecteur d'Académie délégué,

DUVAL-JOUVE.

www.ingramcontent.com/pod-product-compliance
Lightning Source LLC
LaVergne TN
LVHW050112060726
842524LV00003B/1080